野口碓嶺の繍譜聞

うつくしい刺繍と模様

はじめに

この本は糸をテーマにした私の思いを紡ぐ図案集です。

私の持っている刺繍糸の箱には
数多くの色が並んでいます。
私にも好きな糸があれば苦手な糸もあり、
好きな糸はとにかく減っていき、
苦手な糸はのんびりと出番を待っています。

図案づくりは試行錯誤がとても多く、
全体から細部へと進めては全体を見返して調整し、
再び細部へと進めて練っていきます。
糸の色合せを繰り返しながら、
時間をかけ徐々に一針一針が詰まっていきます。
糸の「好き」も「苦手」も組み合わさって、
輝きはじめたら、ようやく思いが結ばれます。

こうして起こされた緻密な図案は
気持ちよく思う存分に刺すことができ、
充実の一枚の作品に仕上がります。

小さな図案は軽快に愉しんで、
小物に仕立てて身につけてください。
大きな図案では大冒険を試みて、
完成したら壁に飾り大切にしてください。

糸は豊富な色はもちろん、素材も太さ細さなどもさまざま。
図案が同じでも、選ぶ糸によって仕上がる作品は変わります。
あなたの好きな糸を見つけてください。
奥深い刺繍の愉しみに結ばれたら幸いです。

樋口愉美子

Contents

Wool thread ウール糸 —太め

- *7 / 64* Pansy bouquet
  パンジーブーケ
- *8 / 65* Spring mood
  春気分
- *10 / 66* Asian flower
  アジアンフラワー
- *11 / 67* Antique flower brooch
  アンティークフラワーのブローチ
- *12 / 68* Cherry season
  さくらんぼ
- *13 / 68* Blackberry
  ブラックベリー

Wool thread ウール糸 —細め

- *15 / 69* Flower garden
  花園
- *16 / 70* Butterfly garden
  チョウの楽園
- *18 / 71* Acorn
  どんぐり
- *19 / 71* Flower tree
  花の樹
- *20 / 72* Hummingbird
  ハチドリ
- *21 / 73* Rose and little daisy pattern
  バラと小さなデイジーのパターン
- *22 / 74* Red clover wreath
  ムラサキツメクサの花輪
- *23 / 73* Poodle
  プードル
- *24 / 75* Soft wind
  そよ風
- *25 / 76* Botanical garden
  ボタニカルガーデン
- *26 / 76* Botanical garden ver. 14 colors
  ボタニカルガーデン 14色

Cotton thread #25 25番刺繍糸

- *29 / 77* Little flower wreath
  小さな花のリース
- *30 / 78* Moroccan blue
  モロッカンブルー
- *31 / 79* Summer grass
  夏草
- *32 / 80* Square garland
  スクエアガーランド
- *33 / 80* Square garland wedding ring cushion
  スクエアガーランドのリングピロー
- *34 / 81* Floral lace pattern
  花柄のレース模様
- *35 / 82* Flower lace brooch
  花柄のレース模様のブローチ
- *36 / 78* Mini bouquet
  ミニブーケ
- *37 / 83* Horse rider
  馬に乗る人
- *38 / 84* Modern flower
  モダンフラワー

Metallic thread ラメ糸

41 / 85   Little flower pattern
小さな花模様

42 / 85   Floral tile pattern
花のタイル模様

43 / 86   Butterfly brooch
蝶のブローチ

43 / 87   Flower branch brooch
花枝のブローチ

44 / 88   King of pigeons
鳩の王様

Pearl cotton thread #8 コットンパール8番刺繍糸

47 / 89   Funny flower pattern
おかしな花模様

48 / 90   Humorous bird
滑稽な鳥

50 / 91   Coral pattern
珊瑚模様

51 / 92   Coral forest
珊瑚の森

52 / 93   Paisley pattern
ペーズリー模様

53 / 94   Indian SARASA pattern
インド更紗模様

54 / 95   Flower rhythm
花リズム

column
39   わたしの糸箱

How to make

56   **Tools** 道具

57   **Materials** 材料

58   ステッチと刺繍の基本

63   ブローチの仕立て方

Wool thread
ウール糸 —太め

ウール糸はウールを紡いだ毛糸のような刺繍糸です。
ここで使用したタペストリーウール糸（DMC）は、
太さのあるウールならではの素朴な味わいを持つ糸です。
大きな面を埋めたいときや強調したい部分に使うと、ふっくらと立体感が生まれます。
25番刺繍糸と組み合わせると表現の幅がぐっと広がるでしょう。
ウール糸はわけられない1本糸なので、1本どりか2本どりで使います。
洗濯はドライクリーニングが安心です。

Antique flower brooch
アンティークフラワーのブローチ
Page.67

赤い大きな花が印象的な刺繍をブローチに仕立てました。いつでも身につけられるブローチは、刺繍と相性のよい手づくりできる装身具です。

Cherry season
さくらんぼ
Page.68

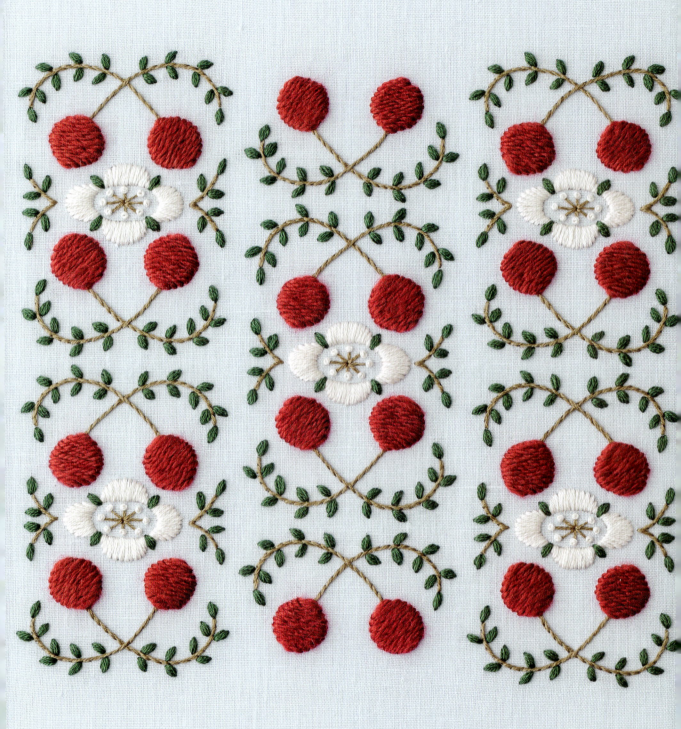

Blackberry ブラックベリー

Page.68

Wool thread

ウール糸 ―細め

少し細いウール糸として、イギリスのアップルトンクルウェルウール糸（アップルトン社）を
使いました。こちらはやわらかな質感で、より細かな描写ができます。
色も豊富なので季節を問わずに使えるうえ、発色がとてもよく、
ウール糸が初めてのかたにも扱いやすい糸です。
シャープな25番刺繍糸と組み合わせると、より多彩な表現が生まれます。
ウール糸は花など強調したい部分に使うのがポイントです。
洗濯はドライクリーニングが安心です。

Flower garden
花園
Page.69

Butterfly garden
チョウの楽園
*Page.*70

愛らしい図案も、黒布に合わせれば大人びた雰囲気になります。市販のヘアバンドに刺していますが、洋服などに散らしてもとてもすてきです。

Acorn
どんぐり
Page.71

Pansy bouquet
パンジーブーケ
Page.64

パンジーと実や草花を、刺繡枠に収まりよく構成しました。額縁の代りに刺繡枠をフレームに仕立てるアイディアです。

Spring mood
春気分
Page.65

鮮やかなグリーンが引き立つよう、渋めの黄色いバッグに、草花を散らしました。白やグレーのバッグなどにもよく映えるでしょう。

Asian flower
アジアンフラワー
Page.66

Flower tree
花の樹
Page.71

直径10cmほどの小さな刺繍枠のフレームは、ドア飾りやオーナメントにもぴったり。刺繍枠にはニスを塗って風合いをプラスしています。

Hummingbird
ハチドリ
Page.72

Rose and little daisy pattern
バラと小さなデイジーのパターン
Page.73

Red clover wreath
ムラサキツメクサの花輪
Page.74

Poodle
プードル
Page.73

Soft wind
そよ風
Page.75

Botanical garden

ボタニカルガーデン

Page.76

Botanical garden ver. 14 colors
ボタニカルガーデン 14色
Page.76

ウール糸の立体感から生まれる陰影や25番刺繍糸の上品な艶の対比は、じっと眺めたくなる美しさ。一針一針、丁寧な手作業から生まれる刺繍は、刺しているときも、でき上がった後もよろこびがあります。

Cotton thread #25

25番刺繡糸

6本の細い木綿糸をゆるく合わせて1本にしている、最もポピュラーな刺繡糸です。
色ぞろえも豊富で今回使用した、フランスのメーカーDMCでは
450色以上がそろいます。DMCの刺繡糸は色の美しさ、使いやすい色合いも魅力です。
25番糸は使いたい長さに切って、1本ずつほどいてから
必要な本数を合わせて使います。この本数で太さを調整します。
一度ほどいて合わせることで、糸並みがそろい、
上品な艶のある質感が生まれて仕上りがぐっと美しくなります。

Little flower wreath
小さな花のリース
Page.77

7種類の小さな花たちをつないで、オーバルの花輪をつくりました。お気に入りのオーバルの刺繍枠を生かしたデザインです。

Moroccan blue   モロッカンブルー
Page.78

Summer grass　夏草

Page.79

Square garland
スクエアガーランド
Page 80

Square garland wedding ring cushion
スクエアガーランドのリングピロー
Page.80

草花で描くスクエアひとつ分をあしらったリングピロー。スクエアをたくさん連ねれば豪華なクロスにも。リングピローはつくり方も紹介しています(p.80)。

Floral lace pattern
花柄のレース模様
Page.81

Flower lace brooch
花柄のレース模様のブローチ
Page.82

「花柄のレース模様」を切りとって、陶器の破片のようなブローチに仕立てました。淡い色合せは大人な装いにぴったりです。縁にパールのビーズをあしらってもすてき。

Mini bouquet
ミニブーケ
Page.78

Horse rider
馬に乗る人
Page.83

Modern flower
モダンフラワー
Page.84

column

わたしの糸箱

アトリエには、大切にしている4段重ねの木箱があります。ふたを開けると、色ごとにびっしり並べられた美しいDMCの25番刺繍糸が。全色そろったこれらの糸は、母からそのまま譲り受けたもの。母はお菓子の箱の厚紙でつくった台紙に、糸を巻き保管していました。私もそれにならって台紙に優しく巻いて使っています。こうすると余った糸も無駄にすることはありません。日光で色あせがおきないよう大切に保管しています。

糸を巻く台紙（5×7cm）の上下には、切込みを入れておき糸端を挟むのがコツ。これですっきり収納できます。台紙には色番の記入を忘れずに。

Metallic thread
ラメ糸

高品質な美しい光沢のラメ糸。
今回使用したディアマント(DMC)は表面にシリコン加工が施されているので、
従来のラメ糸より滑らかな刺し心地です。
小さくポイント的に使っても、華やかさがぐっとアップします。
1本(3本撚り)の状態で巻いてあり、本書では1本のまま使用しています。
25番刺繍糸に比べるとやや扱いにくい点もあるので、
面倒ですが短めに切って使うのがよいでしょう。

Floral tile pattern
花のタイル模様
Page.85

Butterfly brooch
蝶のブローチ
Page.86

ラメ糸をあしらったブローチ2種です。「蝶のブローチ」は縁にさり気なく、「花枝のブローチ」は全体的に。使い方しだいでさまざまな雰囲気を演出できます。

Flower branch brooch
花枝のブローチ
Page.87

King of pigeons

鳩の王様

Page.88

鈍い光沢感がシックなブラックのラメ糸を使って、市販のバブーシュに刺繡しました。地味になりすぎず、大人のカジュアルな雰囲気に。

Pearl cotton thread #8

コットンパール8番刺繍糸

1本に撚られた美しいパールの輝きを持つ木綿糸です。
25番刺繍糸よりもやや太く張りがあるので、
シンプルで存在感のある図案や幾何学模様に向いています。
ざっくりとしたカジュアルな風合いが楽しめるところから、
夏の空気を感じるものや
エキゾティックな図案が生まれました。
わけられない1本糸なので1本どりか2本どりで使います。

Funny flower pattern
おかしな花模様
Page.89

Humorous bird
滑稽な鳥
Page 90

花の図案をひとつ抜き出して、ヘリンボーン地のポーチにあしらいました。太めの糸はストライプやチェックなど柄ものでも存在感が出ます。

Coral pattern
珊瑚模様
Page.91

Coral forest
珊瑚の森
Page.92

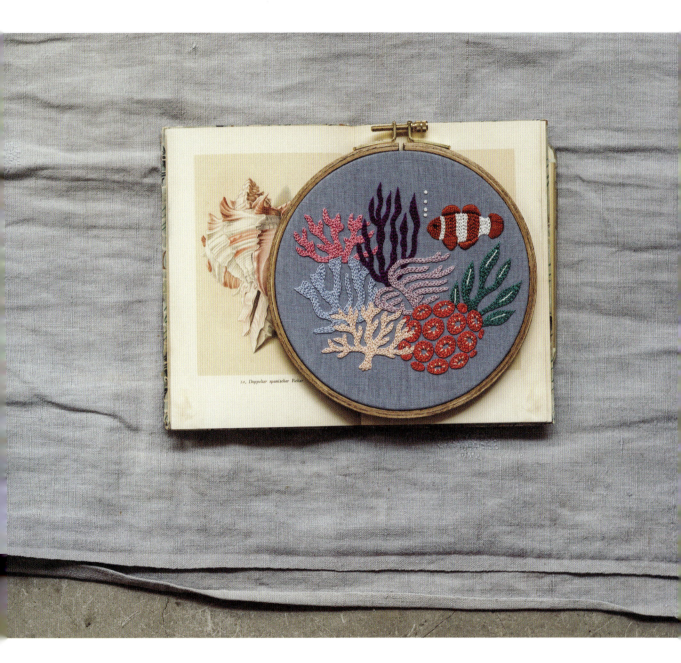

南国の海中をのぞいたみたいな「珊瑚模様」(p.50)のアレンジ。珊瑚とクマノミが刺繍枠に収まる配置にしました。そのまま壁に飾って。

Paisley pattern
ペーズリー模様

Page.93

Indian SARASA pattern

インド更紗模様

Page.94

Flower rhythm
花リズム
Page.95

刺し方の基本と図案

本書で使用した基本のステッチや、刺繍をより美しく仕上げるためのコツ、ブローチの仕立て方を紹介します。64ページから図案集です。

Tools 道具

1. **チョークペーパー**
   図案を布地に写すための複写紙。黒など濃色の布地に写す場合は白いチョークペーパーを使います。

2. **トレーシングペーパー**
   図案を写すための薄い紙。

3. **セロファン**
   トレーシングペーパーが破れないよう、図案を布地に写すときに使います。

4. **トレーサー**
   図案をなぞって布地に写すときに使用します。ボールペンなどで代用可能。

5. **裁ちばさみ**
   切れ味のよい布専用のはさみを用意しましょう。

6. **糸切りばさみ**
   先のとがった刃の薄いタイプが使いやすいでしょう。

7. **目打ち**
   刺し直しをする場合にあると便利な道具。

8. **糸通し**
   ウール糸など太めの糸を針穴に通すときに使います。

9. **針&ピンクッション**
   太めのウール糸は針穴の長いシェニール針を、それ以外の糸はフランス刺繍針を使います。糸の本数によって適した太さがあります。

10. **刺繍枠**
    布をピンと張るための枠。枠の大きさは図案サイズで使いわけますが、持ったときに中央まで指が届くくらいの小さめのものがおすすめです。

Materials 材料

刺繍糸

本書では、25番刺繍糸、タペストリーウール糸、コットンパール8番刺繍糸、ディアマント（以上DMC製）、アップルトンクルウェルウール糸（アップルトン社製）の5種類の糸を使いました。使用する糸と本数によって針を替えると、刺しやすくなります。

各糸の糸どりとおすすめの針

糸の種類	糸どり	おすすめの針
タペストリーウール糸	1本どりまたは2本どり	シェニール針（DMC）No.22 りぼん刺しゅう針 No.20 または No.18
アップルトンウール糸	1本どりまたは2本どり	フランス刺しゅう針 No.7
25番刺繍糸	1本どりから6本どり	フランス刺しゅう針 No.3～No.7
ラメ糸（ディアマント）	1本どり	フランス刺しゅう針 No.5 または No.7
コットンパール8番刺繍糸	1本どりまたは2本どり	フランス刺しゅう針 No.5 または No.3

＊指定のない針はクロバーを使用

布

本書の作品はリネンで仕立てています。平織りのリネンは刺繍しやすく、洗濯ができ、手ざわりもよいので、刺繍を楽しむのにぴったりの素材です。リネンは生地を裁つ前に水通し、布目が均等になるよう整えてから陰干しします。乾ききらないうちに優しく押さえるようにアイロンをかけるとよいでしょう。

ステッチと刺繍の基本

本書で使用した10種類のステッチと、
きれいに仕上げるための刺繍のコツを紹介します。

Straight stitch　ストレート・ステッチ

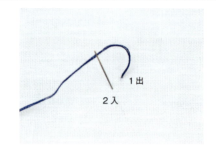

短い線を描くときのステッチ。
糸の本数によって表情が変わります。

Outline stitch　アウトライン・ステッチ

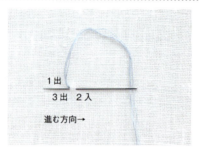

縁とりや茎、枝などを表現します。
カーブでは細かめに刺すと
きれいに仕上がります。

Running stitch　ランニング・ステッチ

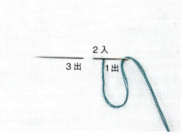
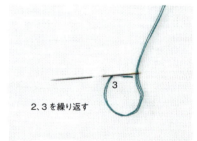

点線を描くステッチ。
並縫いの要領で刺します。

Back stitch　バック・ステッチ

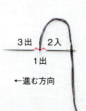
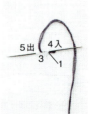

ミシン目のように線が連なります。
面を埋める際は、
交互に半幅ずつずらして刺します。

Point

面を刺し埋める際は、
目の大きさをそろえ、れんがを積むように半幅ずつずらしてステッチする

Chain stitch　チェーン・ステッチ

鎖形をつないで線や面を表現します。
糸を強く引きすぎず鎖をふっくらと、
大きさをそろえるのがコツです。

Point　面を刺し埋める際は、
すきまをつくらないようにする

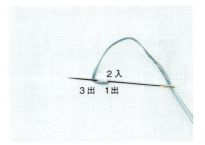
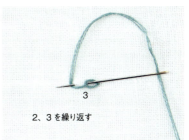

French knot stitch　フレンチナッツ・ステッチ

基本は2回巻き。
大きさは糸の本数で調整を。
つぶれやすいので、仕上げに刺します。

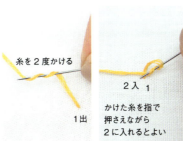
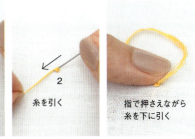

Satin stitch　サテン・ステッチ

糸を平行に渡して、面を埋めるステッチ。
糸のよれをとって、
糸並みをそろえて刺すときれいです。

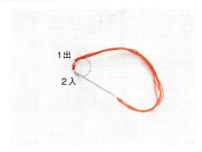

Long and short stitch　ロング&ショート・ステッチ

長短のステッチを並べて、
面を埋めるステッチ。
扇形の花びらなどに使います。

Lazy daisy stitch　レゼーデージー・ステッチ

小花の花びらや葉など小さな模様を
描くときのステッチ。
糸を引きすぎず、ふっくらと刺します。

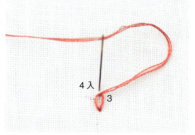

Lazy daisy stitch+Straight stitch　レゼーデージー・ステッチ＋ストレートステッチ

レゼーデージーの中央に糸を1、2回渡して、
ボリューム感のあるだ円を表現します。

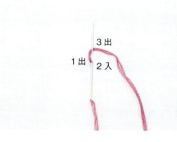
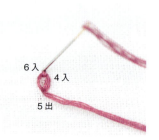

｛ サテン・ステッチ、ロング＆ショート・ステッチを美しく ｝

形がやや複雑な花びらや葉などの面を埋める際は、
中央から刺し始めるとバランスがとりやすく、美しく仕上がります。

花びらは基本、外線から花の中央に向かって放射状に刺し進めて面を埋めるようにしましょう。葉の場合も中央先端の位置から中心に向かって、サテン・ステッチを刺し始めましょう。

｛ 角を美しく—アウトライン・ステッチ ｝

アウトライン・ステッチで直角（またはそれに近い角度）を描く際は、
角に針を入れたら裏側のステッチに
針をくぐらせて糸が抜けないようにします。

｛ 角を美しく—チェーン・ステッチ ｝

チェーン・ステッチで角まできたら
一度刺し終えて、角度を変えて次の辺を
刺すようにします。

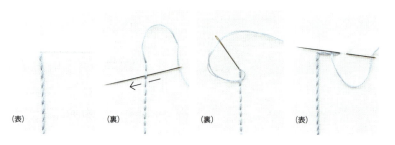
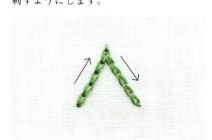

{ 2色の糸を混ぜて刺す }

2色の糸で2本どりにします。フレンチナッツ・ステッチで刺すと色が混ざり合って見え、表現の幅が広がります。

1 2色のアップルトンウール糸を1本ずつそろえる。

2 針に*1*を2本そろえて通す。一方の糸端に玉結びをする。

3 刺繍をする。

{ 布端の処理 }

刺している間にほつれなどが出ないよう、布端を処理しておくと作業もスムーズです。

目が細かい布：辺の織り糸をそっと抜くように、4辺の布端を0.5cmほどほどいておく。

目が粗い布：4辺の布端をざっくりとかがっておく。ピンキングはさみで裁ってもよい。

{ 図案の写し方 }

布地に図案を写す際は、布目がななめにならないよう、図案をたて糸とよこ糸にそって配置します。

1 図案にトレーシングペーパーをのせ、写す。

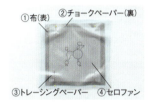

2 写真の順に重ね、まち針でとめてから、トレーサーで図案をなぞる。

{ 糸の扱い方 01 }

25番刺繍糸の場合、指定の本数を1本ずつ引き出し、そろえて使いましょう。よれがとれ、糸並みがそろいます。

1 束の内側にある糸端を指でつまんで、60cm程度引き出して糸を切る。

2 1本ずつ必要本数を引き出して、引きそろえる。

{ 糸の扱い方 02 }

必要な本数の糸をそろえたら針穴に通しますが、偶数本と奇数本で本数のとり方が異なります。

6本どりは3本、4本どりは2本の糸を二つ折りにする

偶数本の場合：2本どりの際は1本の糸を針に通し、二つ折りにして両端を合わせ、玉結びする。

奇数本の場合：必要な本数をそのまま引きそろえ、針に通し、片端に玉結びする。

{ 玉結び }

刺し始めの際は糸端に結び玉をつくります。

1 針に糸を通したら、糸端に針先を重ねる。

2 針先に糸を2回巻く。

3 糸を巻いた部分を指先で挟んで押さえながら、針を引き抜き、そのまま結び玉が糸端にいくまで引く。

{ 刺し始め 01 }

ストレート、アウトライン、ランニング、バック、チェーン、レゼーデージーなどのステッチで線を描く場合の始めの処理です。

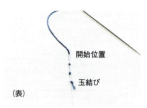

1 ステッチの開始位置に向かって、図案線上に半返し縫いで数目刺したら、開始位置から糸を出す。

2 1の針目に重ねるように指定のステッチを進め、結び玉は切る。

{ 刺し始め 02 }

サテン、ロング&ショートなどのステッチで面を埋める場合の始めの処理です。

1 ステッチの開始位置に向かって、図案線内に半返し縫いで数目刺したら、開始位置から糸を出す。

2 1の針目をおおうように指定のステッチを進め、結び玉は切る。

{ 刺し終り 01 }

ストレート、アウトライン、ランニング、バック、チェーン、レゼーデージーなどのステッチで線を描いた場合の処理です。

1 裏面に糸を出し、ステッチに数回糸を巻きつける。

2 糸端を切る。

{ 刺し終り 02 }

サテン、ロング&ショートなどのステッチで面を埋めた場合の処理です。

1 裏面に糸を出し、ステッチの下に糸を通して出したら、再度返す。

2 糸端を切る。

{ 糸替えなどのとき }

糸替えや、茎に枝を出すときなど、すでにステッチがある場合の再スタートの処理です。

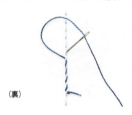

玉結びをした糸を裏面のステッチ部分にからめ、開始位置から糸を出す。結び玉は後で切る。

刺繡枠はしっかり締めて

刺繡枠に布を張りとめる際、とめ方がゆるいと布がたるんで余計なシワができてしまいます。とめ具をしっかり締め、布はピンと張って刺し進めましょう。ひと手間かけて、刺繡枠は内側の枠にバイアスに裁った布（白がおすすめ）を巻いておくと、滑りどめになります。巻き終りの布端は内側に縫いかがっておきましょう。また、大きめの図案は刺繡枠をずらしながら刺します。刺繡した部分を枠にはめる際は当て布をしたり、つぶれやすいサテン・ステッチやフレンチナッツ・ステッチを避けるのが安心です。

{ 作品が完成したら }

作品ができ上がったら丁寧に後処理をしましょう。作品の見栄えがぐっとよくなります。

1 図案の印を消す

布の裏側から霧吹きをかけ、ステッチからはみ出た印を消す（水で消えるタイプの場合）。細かい部分は水をつけた綿棒で濡らすとよい。

2 アイロンを当てる

印が消えたのを確認してから、裏から優しくアイロンを当てる。立体的なステッチはつぶれやすいので、作品の下にタオルを敷いて上からアイロンを当てるとよい。印が残ったままアイロンを当てるとインクが定着するので注意！

完成した作品は小物に仕立てるのはもちろん、額に入れたり、パネルに張るのもおすすめです。また、本書では刺繡枠にはめて飾る「刺繡枠フレーム」の仕立て方（p.64）も紹介しています。保存する際は、色あせしないように、湿気がなく日の当たらない場所で保管しましょう。

ブローチの仕立て方

「蝶のブローチ」(p.43)で手順を紹介します。
ほかのブローチもこの要領で仕立てることができます。

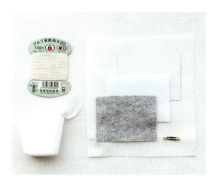

○材料

刺繍用の布　15×15cmほど
キルト用わた（なければ手芸用わた）
厚紙（厚手）
フェルト（厚手）
＊革で作ってもすてき
2.5cm長さのブローチピン（ゴールド）
手縫い糸
手芸用接着剤

〈ビーズを縫いつける場合〉

ビーズをつける場合は仕立て後に行ないます。針を表に出したらビーズを1粒通し、バック・ステッチで縫って、それを繰り返します。針はビーズの穴に通る太さのフランス刺繍針かビーズ刺繍針を使いましょう。

1 布に刺繍をしたら、裏側から優しくアイロンを当て、布のシワを伸ばしておく。

2 厚紙とキルト用わたを型紙の大きさに切る。厚紙は2、3枚用意して重ねるとより強度が出る。

3 フェルトは型紙より0.5cm小さめに切り、ブローチピンを縫いつける。

4 1の布を型紙より約2cm外側をぐるりと切り、端から約1cmの位置を手縫い糸でぐるっとぐし縫いする。糸と針はそのまま残す。
＊見やすいよう赤糸を使用

5 裏に返し、刺繍がちょうどよい位置にくるようにして、2のキルト用わた、厚紙を順に重ねる。キルト用わたは好みで2、3枚入れるとふっくらとしたブローチに。

6 ぐし縫いした糸を強めに引いて、布を絞ったら、一度玉どめする（糸と針はそのまま残す）。わたや厚紙がずれないよう形を整えながら行なうとよい。

7 余分な布端を切り、とり除く。その際、ぐし縫いの糸は切らないように注意する。

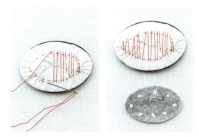

8 ぐし縫いの糸で上下をすくいながら縫い、さらに引き締めたら玉どめして糸を切る。3のフェルトの裏側に軽く手芸用接着剤をつける。

9 ブローチの裏側にフェルトをのせ、ぐるりとまつり縫いで縫いつける。

Pansy bouquet パンジーブーケ

Page.7

サテン・ステッチが多めの上級者向けの図案ですが、
太めのウール糸を使用するので刺し埋めやすいうえ、
素朴な風合いと立体感が楽しめます。

※DMCタペストリーウール糸はすべて1本どり
※指定以外はサテンS(1)
※Sはステッチの略、( )の中の数字は本数、Tがつく色番号は
DMCタペストリーウール糸、それ以外はDMC25番刺繍糸

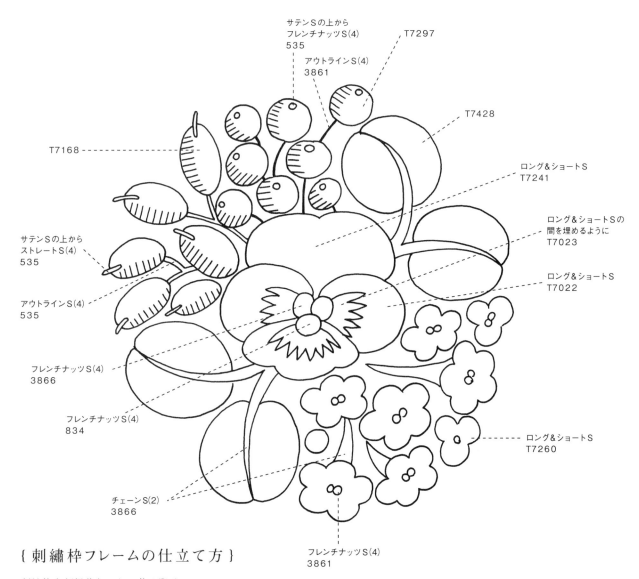

{ 刺繍枠フレームの仕立て方 }

刺繍枠を額縁代りにして飾る際は、
後ろをきれいに処理するのがおすすめです。

1 刺繍をした布地を刺繍枠にバランスよくとりつけ、枠より
3cm程度外側をぐるりと切る。

2 布端から1cm程度の位置を手縫い糸でぐるりとぐし縫い
して、内側の枠がかくれるように糸を引き締める
(p.63手順4、6と同じ要領)。

3 糸を始末したら、刺繍枠よりやや小さめに切ったフェルト
(2のぐし縫いが隠れる大きさ)を裏側に当て、まち針でと
めてぐるりとまつり縫いで縫いとめる。

Spring mood 春気分

Page.8

春の高揚する気分を、鮮やかな緑系とさわやかな黄色系の草花で
表現しました。太めのウール糸を使っていますが、
寒色系の色を組み合わせることで春先でも楽しめます。

※DMCタペストリーウール糸はすべて1本どり
※茎の太い線はアウトラインS（6）、細い線はアウトラインS（2）で刺す
※Sはステッチの略、（ ）の中の数字は本数、Tがつく色番号は
DMCタペストリーウール糸、それ以外はDMC25番刺繍糸

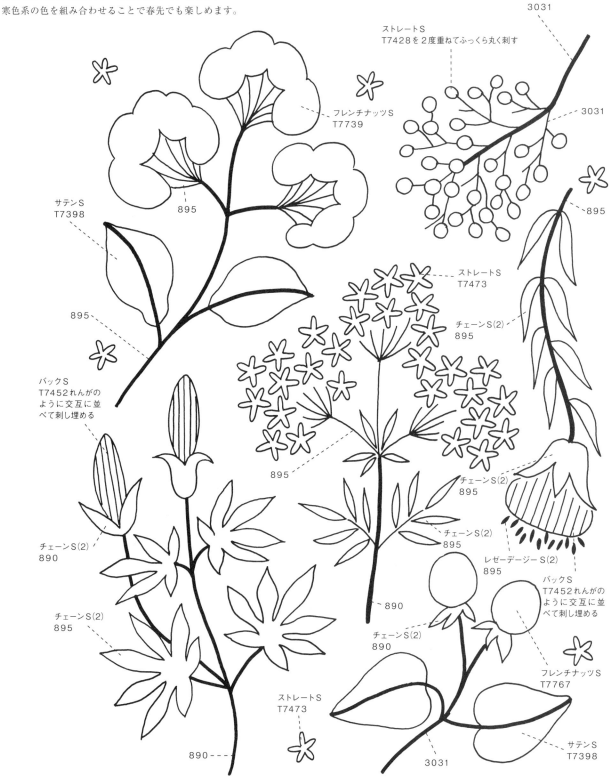

Asian flower アジアンフラワー

Page.10

アジアの民俗衣装からインスピレーションを受けた図案です。
色合いも大胆で華やかに。ウール糸と25番刺繍糸との組合せで、
立体感のある仕上りになります。

※指定以外はサテンS(1)
※Sはステッチの略、( )の中の数字は本数、Tがつく色番号は
DMCタペストリーウール糸、それ以外はDMC25番刺繍糸

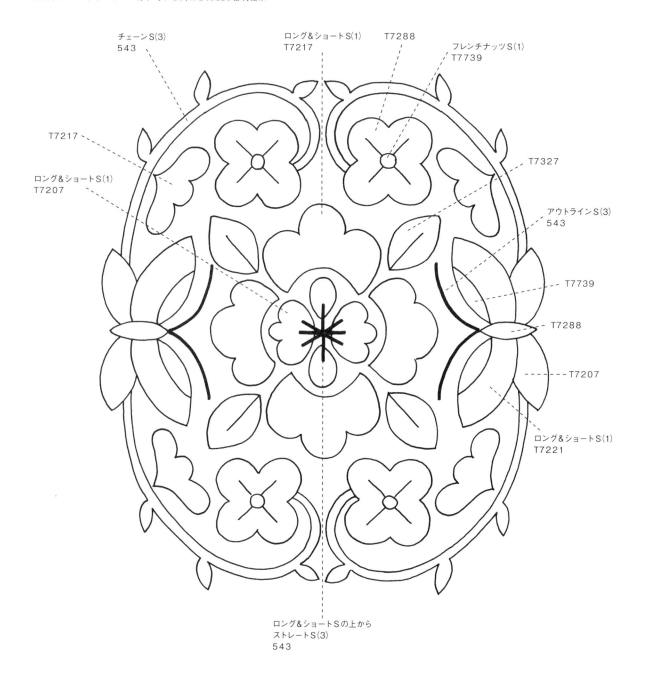

チェーンS(3)
543

ロング&ショートS(1)
T7217　T7288

フレンチナッツS(1)
T7739

T7217

ロング&ショートS(1)
T7207

T7327

アウトラインS(3)
543

T7739

T7288

T7207

ロング&ショートS(1)
T7221

ロング&ショートSの上から
ストレートS(3)
543

Antique flower brooch　アンティークフラワーのブローチ

Page.11

花は色味を抑えて大人っぽく、レトロなデザインにしました。
好きなビーズを回りに飾って、豪華な仕上りにするのもよいでしょう。
ブローチの仕立て方は63ページ参照。

※指定以外は6本どり
※Sはステッチの略、（ ）の中の数字は本数、Tがつく色番号は
DMCタペストリーウール糸、それ以外はDMC25番刺繍糸

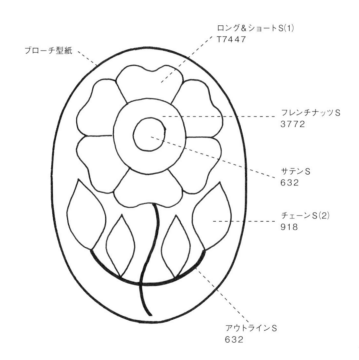

Cherry season　さくらんぼ
Page.12

水色の布地に映えるビビッドな色のさくらんぼ。
ウール糸でふっくらかわいい図案です。
作品写真のように並べると連続模様になります。

※Sはステッチの略、（ ）の中の数字は本数、
Tがつく色番号はDMCタペストリーウール糸、
それ以外はDMC25番刺繍糸

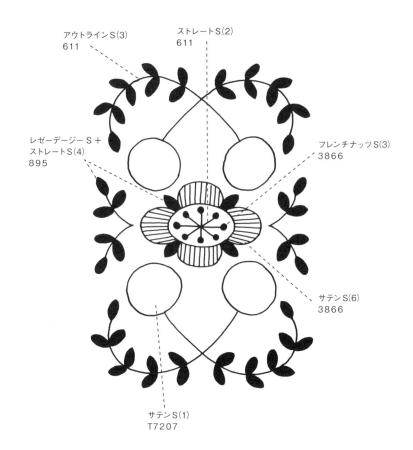

Blackberry　ブラックベリー
Page.13

フレンチナッツ・ステッチで表現した小さなブラックベリーが
ぎっしり。落ち着いた色合いの贅沢な連続模様です。

※指定以外は2本どり
※Sはステッチの略、（ ）の中の数字は本数、
Tがつく色番号はDMCタペストリーウール糸、
Aがつく色番号はアップルトンウール糸、それ以外はDMC25番刺繍糸

Flower garden 花園

Page.15

花の舞う様を模様にしました。淡く優しげな色がよく合います。
茎などに25番刺繍糸を使うことで、
花の立体感がいっそう際立ちます。

※指定以外は2本どり
※茎はすべてアウトラインS（2）646
※Sはステッチの略、（ ）の中の数字は本数、
Aがつく色番号はアップルトンウール糸、
それ以外はDMC25番刺繍糸

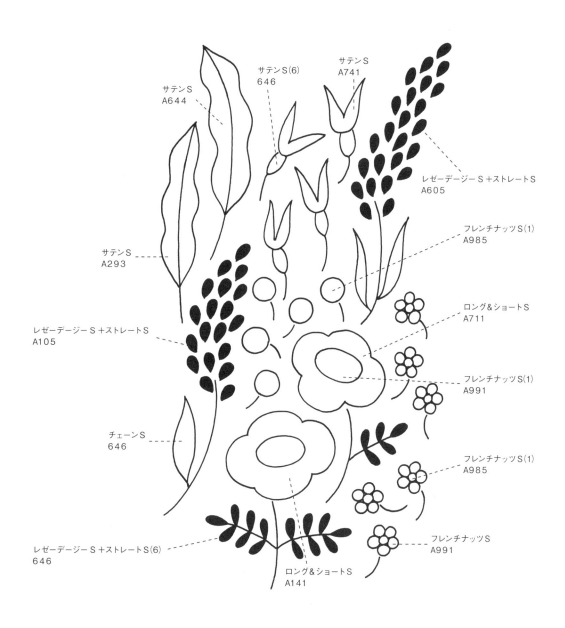

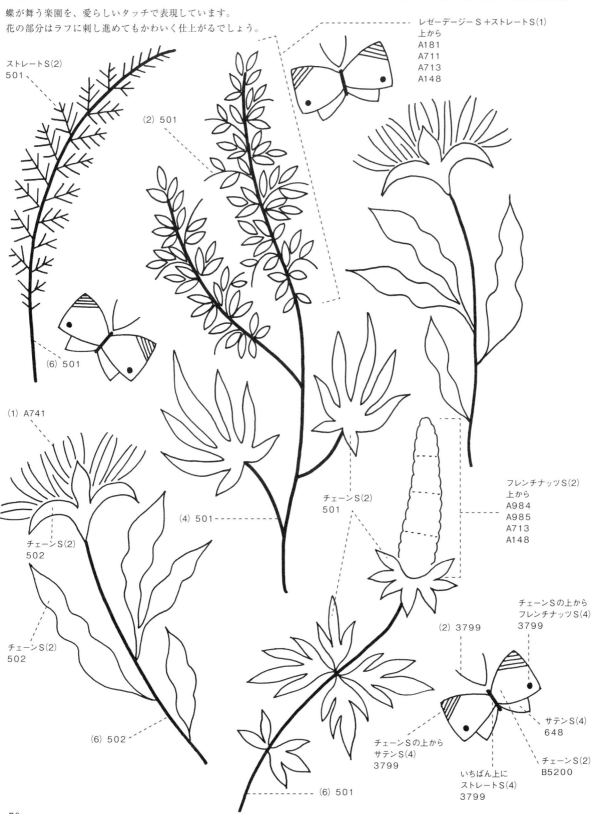

Acorn どんぐり

Page.18

秋の訪れを感じさせる落ち着いた色合いのどんぐり。
ウール糸を多めに使用した立体感のある図案です。

※指定以外はサテンS(2)
※Sはステッチの略、( )の中の数字は本数、Aがつく色番号は
アップルトンウール糸、それ以外はDMC25番刺繍糸

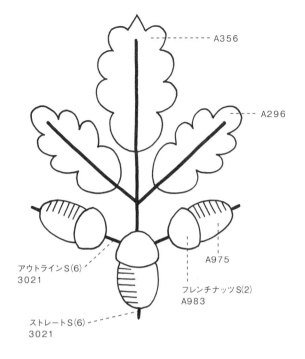

Flower tree 花の樹

Page.19

大きな花の咲いた樹がたたずむ冬の景色を幻想的に。
ぐっとシックな色合いにしていますが、
華やかな色に置き換えて季節を演出してもよいでしょう。
フレームの仕立て方は64ページ参照。

※Sはステッチの略、( )の中の数字は本数、Aがつく色番号は
アップルトンウール糸、それ以外はDMC25番刺繍糸

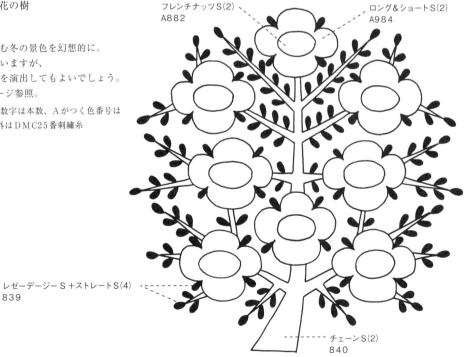

Hummingbird ハチドリ

Page.20

ふっくらとしたウールの優しい花園に飛んできた小さなハチドリ。
オレンジの花色と青いハチドリの色合せがさわやかな図案です。

※指定以外は2本どり
※Sはステッチの略、( )の中の数字は本数、
Aがつく色番号はアップルトンウール糸、それ以外はDMC25番刺繍糸

Rose and little daisy pattern　バラと小さなデイジーのパターン

Page.21

やわらかなウールのバラと、小さなデイジーの連続模様を組み合わせて。デイジーは好みの花色に替えてもすてきです。クロスの端などに施してみてはいかがでしょう。

※指定以外はサテンS（2）　※指定以外は2本どり
※Sはステッチの略、（　）の中の数字は本数、
　Aがつく色番号はアップルトンウール糸、それ以外はDMC25番刺繍糸

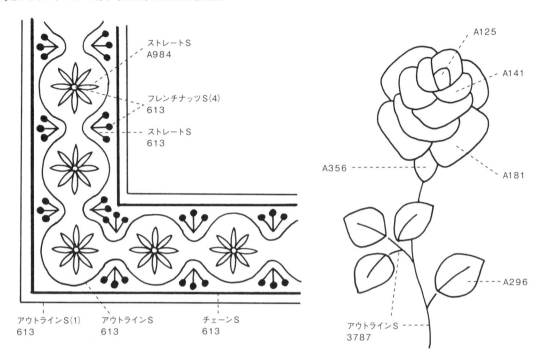

Poodle　プードル

Page.23

かわいらしいプードルをグレーのトーンでまとめて都会的な印象に仕上げました。2色のウール糸を混ぜることで、カールした毛を表現しています。

※すべて2本どり
※Sはステッチの略、Aがつく色番号はアップルトンウール糸、
　それ以外はDMC25番刺繍糸

Red clover wreath ムラサキツメクサの花輪

Page.22

子どものころに草原でつくった花輪を思い、図案にしました。花の部分はウール糸の混色で立体的に、色味を抑えて花を引き立たせています。

※茎の太い線はアウトラインＳ（4）、細い線はアウトラインＳ（2）
※指定以外は2本どり
※Ｓはステッチの略、（ ）の中の数字は本数、Ａがつく色番号はアップルトンウール糸、それ以外はＤＭＣ25番刺繡糸

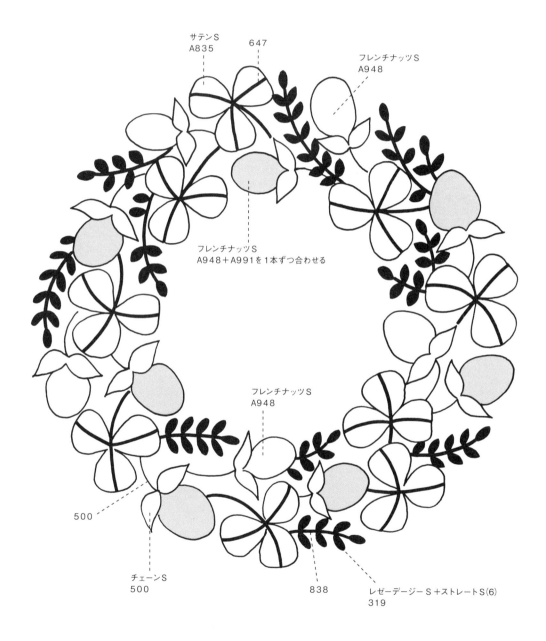

Soft wind そよ風

Page.24

さわやかな風に乗って草木が香る様を表現しました。
6種類の小さな実や綿毛、枝や葉などをちりばめています。

※指定以外はアウトラインS
※指定以外は2本どり
※Sはステッチの略、( )の中の数字は本数、Aがつく色番号は
アップルトンウール糸、それ以外はDMC25番刺繡糸

Botanical garden ver. 14 colors

ボタニカルガーデン 14 色　　　Page.25,26

さまざまな草花がにぎやかに生い茂る豪華な図案です。
葉と花の色を統一すると一転、清楚な雰囲気に。

◎25ページの「ボタニカルガーデン」の糸は、白糸をA882、ベージュ糸を841、緑糸を319とする

※茎の太い線はアウトラインS(4)、細い線はアウトラインS(2)

※指定以外の花びらはロング&ショートS(2)　※指定以外は2本どり

※Sはステッチの略、( )の中の数字は本数、Aがつく色番号はアップルトンウール糸、それ以外はDMC25番刺繍糸

フレンチナッツS(6) 833
アウトラインS 739
A206
A741
チェーンS 890
890
フレンチナッツS A311
632
A743
A605
フレンチナッツS A477
サテンS(6) 904
ストレートS 904
904
チェーンS 904
サテンS A882
フレンチナッツS(6) 833
A105
A741
チェーンS 890
フレンチナッツS A477
A204
632
フレンチナッツS(6) 739
A743
895
レゼーデージーS + ストレートS(4) 895
レゼーデージーS 890
チェーンSの上から 890
チェーンS 895
フレンチナッツS A311
フレンチナッツS(6) 739
A605
890
A105

Little flower wreath 小さな花のリース

Page.29

黒地に白系で色を抑えた優しい風合いの花々。
緻密なステッチが静寂な時間を紡ぐ花輪です。
フレームの仕立て方は64ページ参照。

※指定以外は6本どり
※Sはステッチの略、( )の中の数字は本数、
　色番号はDMC25番刺繍糸

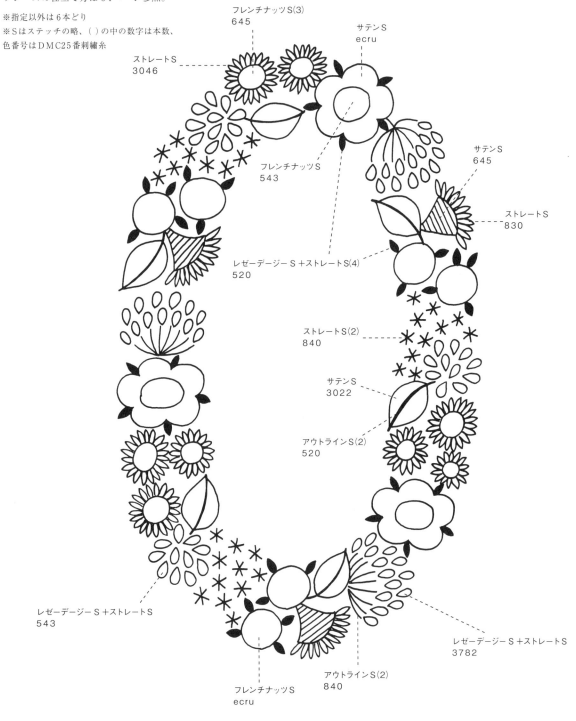

Moroccan blue モロッカンブルー
Page.30

モロッコのアンティークタイルからインスピレーションを受けて、
水と空のイメージを立体的に構成しました。
涼しげな図案は夏におすすめです。

◎DMC25番刺繡糸—932
※指定以外は6本どり
※Sはステッチの略、（ ）の中の数字は本数

- レゼーデージーS＋ストレートS
- アウトラインS(2)
- チェーンS(3)
- レゼーデージーS＋ストレートS
- フレンチナッツS
- フレンチナッツS
- サテンS

Mini bouquet ミニブーケ
Page.36

小さな花々をグラフィカルにまとめたブーケの図案。
紫系で優しく淡い色合いが魅力的です。
ワンポイントでも、広い面に並べてもよいでしょう。

※指定以外はチェーンS(2)
※指定以外は2本どり
※Sはステッチの略、（ ）の中の数字は本数、
色番号はDMC25番刺繡糸

- 3861
- 154
- フレンチナッツS(3) 739
- アウトラインS 3790
- サテンS(6) 739
- レゼーデージーS＋ストレートS(4) 319
- アウトラインS 632

Summer grass 夏草

Page.31

生き生きとした潤いのある夏の草花。花色を抑えて葉を引き立てています。

※茎の太い線はアウトラインS(4)、細い線はアウトラインS(2)
※指定以外は2本どり
※Sはステッチの略、( )の中の数字は本数、色番号はDMC25番刺繍糸

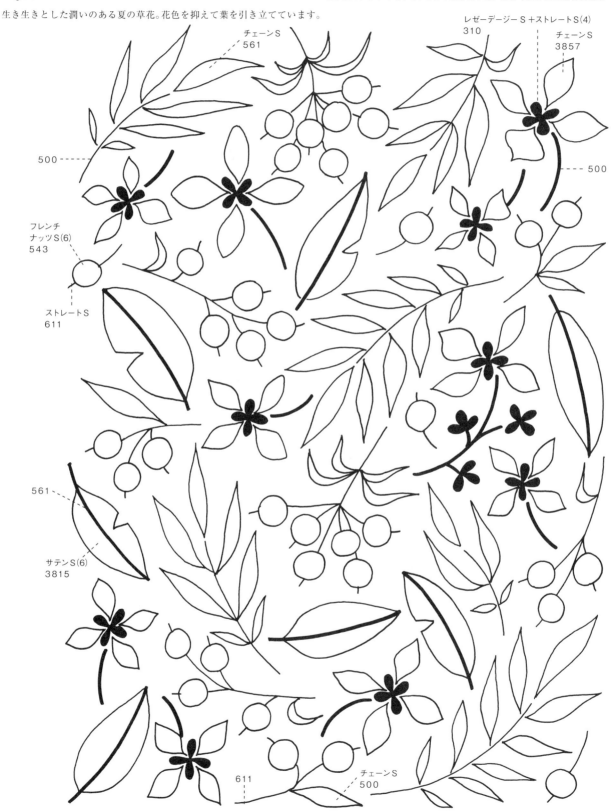

Square garland スクエアガーランド

Page.32

さまざまな表情の花を格子に並べた図案です。
繰り返すことで連続模様にもなります。

※茎の太い線はアウトラインS（4）、細い線はアウトラインS（2）
※指定以外はサテンS（4）
※指定以外は4本どり
※Sはステッチの略、（ ）の中の数字は本数、色番号はDMC25番刺繍糸

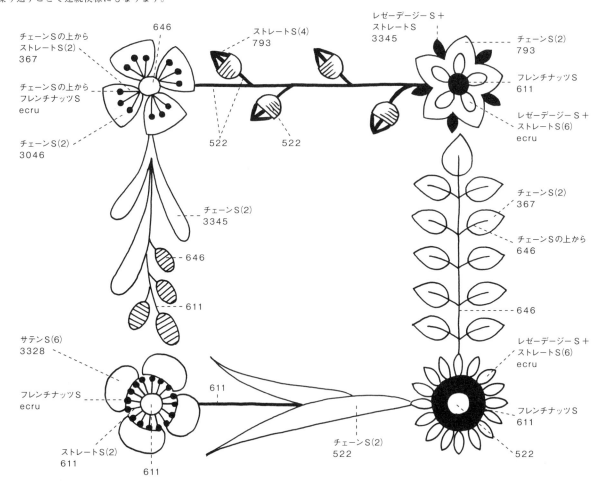

Square garland wedding ring cushion　スクエアガーランドのリングピロー

Page.33

【仕上りサイズ】
14×14cm

【材料】
表布：リネン（白）— 20×35cm
0.6cm幅サテンリボン（白）— 32cm
手芸用わた一適量

【つくり方】
1
表布の表に、右図の位置に図案を写して刺繍をしたら、4辺に縫い代1cmを足して裁つ。

2
中表に二つ折りにし、返し口を5cm残して縫い合わせる。

3
2の縫い目が中央になるよう折り目をつけ、上下の端それぞれを縫い合わせる。返し口から表に返し、手芸用わたを適量詰めたら、返し口をまつり縫いでとじる。中央に二つ折りにしたリボンを縫いつける。

Floral lace pattern 花柄のレース模様
Page.34

アンティークレースをヒントに、ぎっしりと刺し埋められたレースの図案。
ブラウスの袖などにあしらうのもすてきです。

◎DMC25番刺繍糸—355
※指定以外はチェーンS（3）
※指定以外は3本どり
※Sはステッチの略、（ ）の中の数字は本数

Flower lace brooch　花柄のレース模様のブローチ

Page.35

「花柄のレース模様」(p.81) の好みの部分をブローチの型紙に合わせて切りとって、ブローチに仕立てましょう。
ブローチの仕立て方は63ページ参照。

◎DMC25番刺繡糸— 3866
※「花柄のレース模様」の好みの部分を型に合わせて切りとってつくります

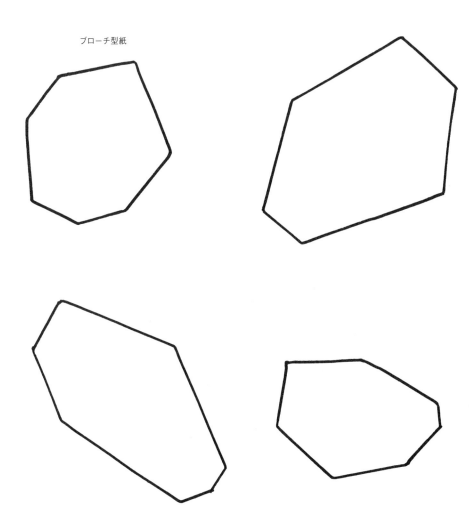

ブローチ型紙

Horse rider　馬に乗る人

Page.37

羽飾りをかぶった男がちょこんと馬にまたがる、ユーモアただよう図案です。
額に入れたり、カードに仕立てたりするのもおすすめです。

※指定以外はサテンS（4）
※指定以外は4本どり
※Sはステッチの略、（ ）の中の数字は本数、色番号はDMC25番刺繍糸

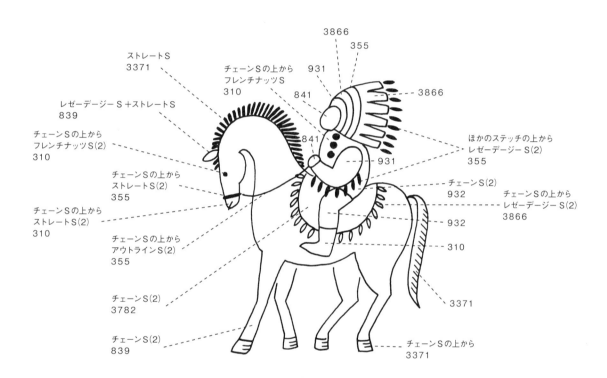

Modern flower　モダンフラワー

Page.38

※Sはステッチの略、（ ）の中の数字は本数、色番号はDMC25番刺繍糸

茎の長い一輪花を敷き詰めた図案。グレーをベースにした
個性的な色合せを楽しんでください。

- フレンチナッツS(6) 3866
- ストレートS(2) 3799
- ストレートS(6) 791
- レゼーデージーS＋ストレートS(3) 3859
- フレンチナッツS(3) 3866
- チェーンS(2) 3799
- 832
- 3859
- 832
- 3859
- 791
- 3866
- 3859
- 791
- レゼーデージーS(2) 3799
- 3866
- 832
- 3859
- 791
- 3866
- アウトラインS(4) 3799
- チェーンS(2) 3799
- 3866
- レゼーデージーS＋ストレートS(6) 3799

Little flower pattern　小さな花模様

Page.41

ピンク系の甘めな花をゴールド糸で引き締めた上品な図案です。
布色を好みで替えても楽しめます。

※花びらはロング＆ショートS(6)
※指定以外は2本どり
※Sはステッチの略、( )の中の数字は本数、Dがつく色番号は
　DMCディアマント刺繍糸、それ以外はDMC25番刺繍糸

Floral tile pattern　花のタイル模様

Page.42

小さな花にゴールドの星をあしらって、タイル調に表現した模様です。
クリスマス時期にもぴったり。また、モチーフどうしの
間隔を離して広い面積にあしらうのもおすすめです。

※指定以外の太線はチェーンS(2)、細線はアウトラインS(2)
※指定以外は2本どり
※Sはステッチの略、( )の中の数字は本数、Dがつく色番号は
　DMCディアマント刺繍糸、それ以外はDMC25番刺繍糸

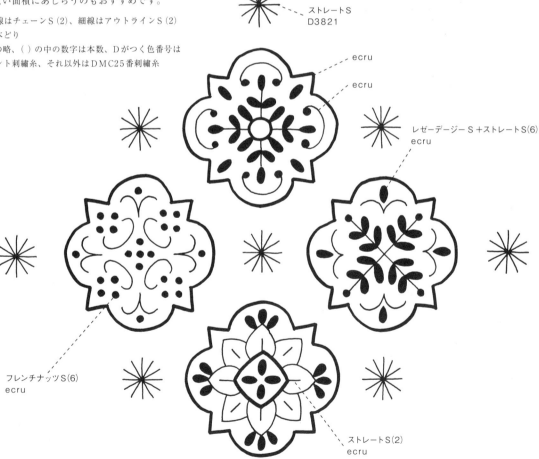

85

Butterfly brooch 蝶のブローチ

Page.43

まるで飛んでいきそうな蝶々に、縁とりを施して標本のようなブローチに仕上げました。そっと胸もとに飾ってみてはいかがでしょう。
ブローチの仕立て方は63ページ参照。

※指定以外はアウトラインS(1)
※Sはステッチの略、( )の中の数字は本数、Dがつく色番号は
DMCディアマント刺繍糸、それ以外はDMC25番刺繍糸

Natural

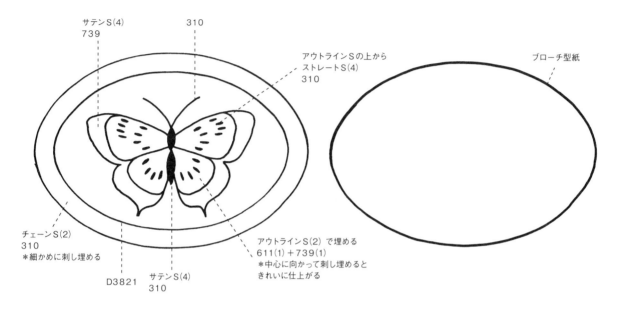

Blue

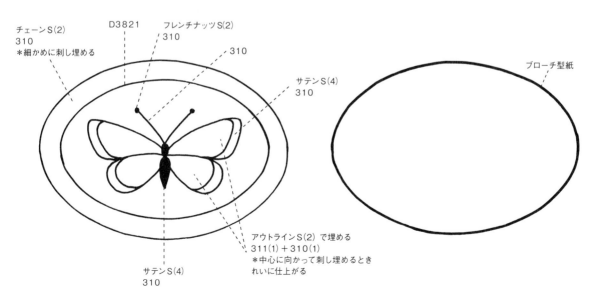

Flower branch brooch 花枝のブローチ

Page.43

冬のキンと冷えた空気を感じさせる、花枝のブローチ。やわらかなウール糸と、
硬さと光沢をあわせ持つラメ糸の組合せが新鮮な図案です。
ブローチの仕立て方は63ページ参照。

◎花びら以外はDMCディアマント刺繍糸—D415
※指定以外は1本どり
※Sはステッチの略、( )の中の数字は本数、Aがつく色番号はアップルトンウール糸

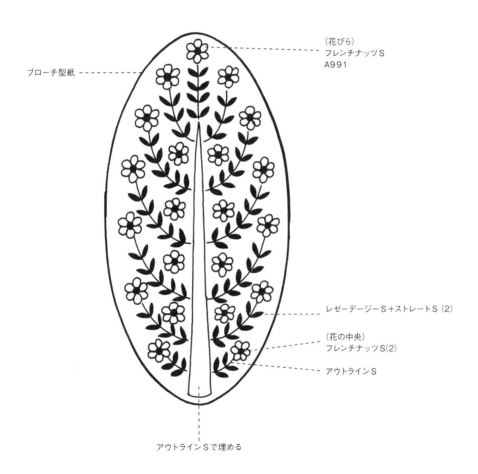

ブローチ型紙

（花びら）
フレンチナッツS
A991

レゼーデージーS＋ストレートS(2)

（花の中央）
フレンチナッツS(2)

アウトラインS

アウトラインSで埋める

King of pigeons 鳩の王様

Page.44

大きく羽を広げた鳩の王様。ゴールドを使うことで大人びた印象になります。1羽でもたくさん並べてもかわいい1色の図案です。

◎DMCディアマント刺繡糸—D3821
◎45ページのバブーシュはD310を使用
※指定以外の太線はアウトラインS(2)、細線はアウトラインS(1)

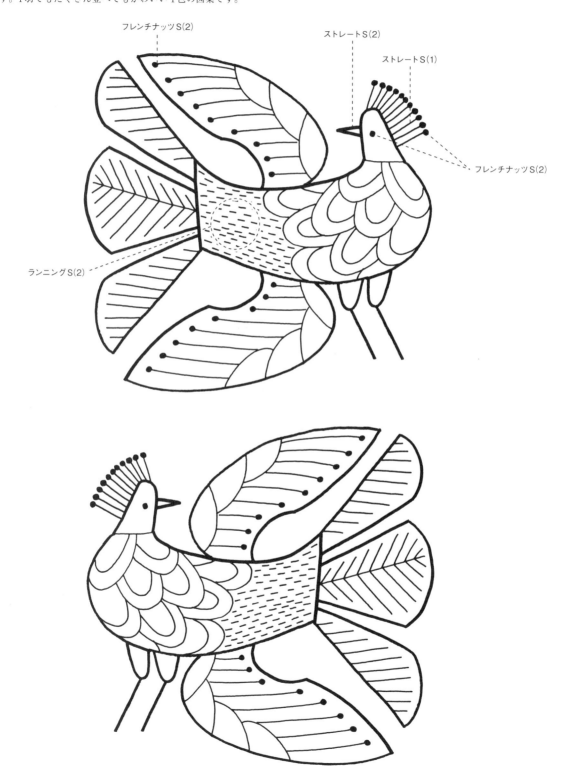

Funny flower pattern おかしな花模様

Page.47

カラフルな花々を子どもの描く絵のようなタッチで愉快に表現。
太めの8番刺繍糸は個性的な図案によく合います。

※指定以外はチェーンS(1)
※Sはステッチの略、( )の中の数字は本数、
Cがつく色番号はDMCコットンパール8番刺繍糸

Humorous bird 滑稽な鳥

Page.48

愛嬌のある鳥やデフォルメした花々が楽しいデザインの図案です。
チェーン・ステッチで刺し埋めるので、根気よく進めましょう。

※指定以外はチェーンS（1）
※指定以外は1本どり
※Sはステッチの略、（ ）の中の数字は本数、
Cがつく色番号はDMCコットンパール8番刺繍糸

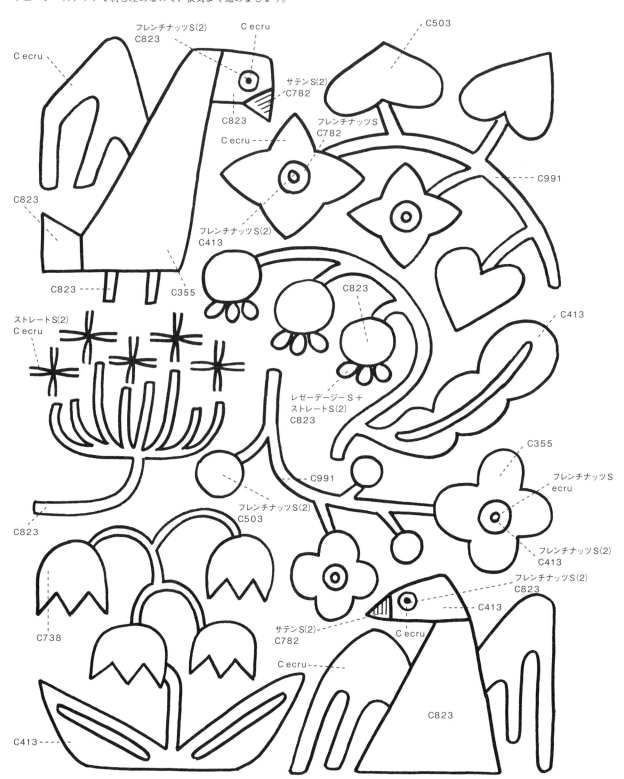

Coral pattern 珊瑚模様

Page.50

カラフルな珊瑚をたくさんあしらった夏らしい図案です。
ところどころにクマノミが隠れています。

※指定以外はチェーンS(1)
※指定以外は1本どり
※Sはステッチの略、( )の中の数字は本数、
Cがつく色番号はDMCコットンパール8番刺繍糸

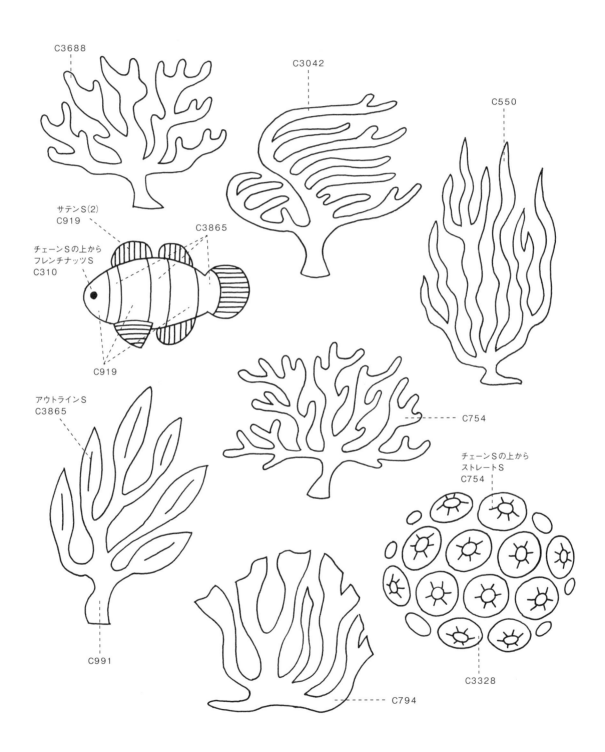

Coral forest 珊瑚の森

Page.51

「珊瑚模様」の珊瑚7種類とクマノミをリデザイン。
手前に見える珊瑚から、奥に向かって順に刺すとスムーズです。
フレームの仕立て方は64ページ参照。

※指定以外はチェーンS(1)
※指定以外は1本どり
※Sはステッチの略、( )の中の数字は本数、
　Cがつく色番号はDMCコットンパール8番刺繍糸

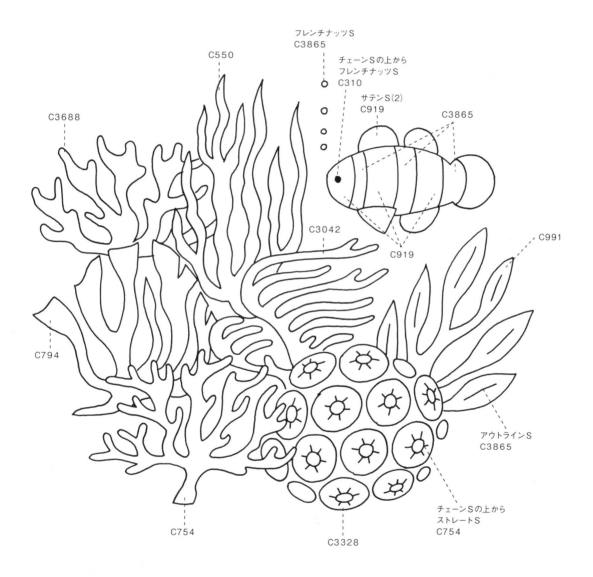

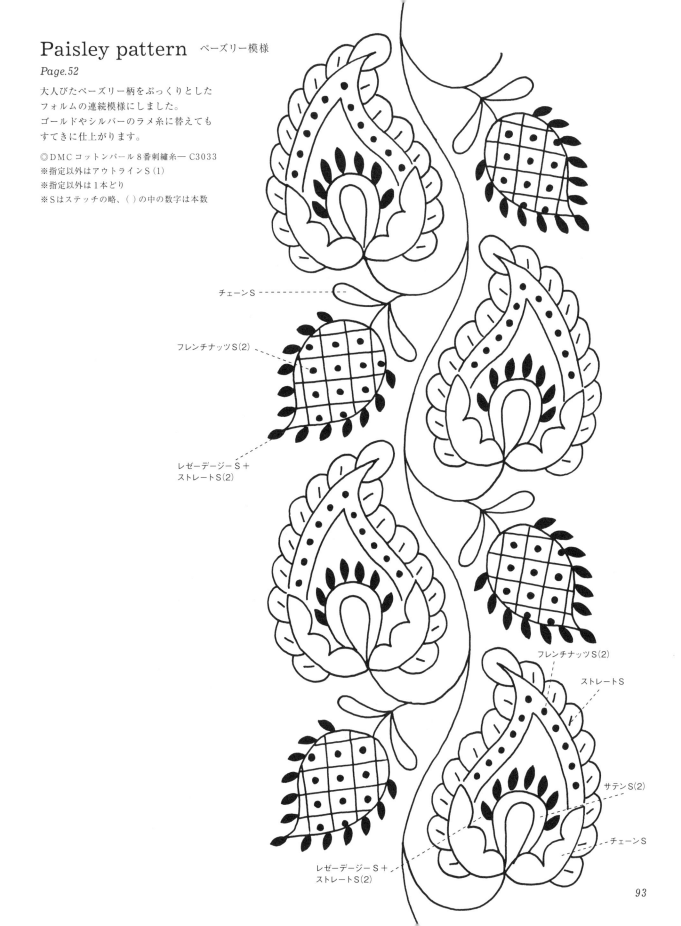

Indian SARASA pattern　インド更紗模様

Page.53

インドの更紗模様からヒントを得たエキゾティックな図案です。
やや茶色がかった赤をメインに軽やかにまとめました。

※指定以外はチェーンS（1）
※指定以外は1本どり
※Sはステッチの略、（ ）の中の数字は本数、
　Cがつく色番号はDMCコットンパール8番刺繍糸

- フレンチナッツS(2) C524
- レゼーデージーS(2) C890
- C355
- C355
- レゼーデージーS＋ストレートS(2) C355
- アウトラインS C355
- C890
- レゼーデージーS＋ストレートS(2) C355
- C355
- サテンS(2) C355
- フレンチナッツS C355
- C355
- ストレートS C355
- レゼーデージーS(2) C890
- レゼーデージーS C355
- C355
- フレンチナッツS(2) C524
- レゼーデージーS＋ストレートS(2) C355
- フレンチナッツS C355
- ロング＆ショートS(2) C355
- アウトラインS C840
- レゼーデージーS＋ストレートS(2) C355
- フレンチナッツS(2) C524

Flower rhythm 花リズム

Page.54

シンプルな花をリズミカルに並べた連続模様。ステッチの種類も少なく、
繰り返しなので、初心者にも刺しやすい図案です。

※指定以外はチェーンS（1）
※指定以外は1本どり
※Sはステッチの略、（ ）の中の数字は本数、Cがつく色番号はDMCコットンパール8番刺繍糸

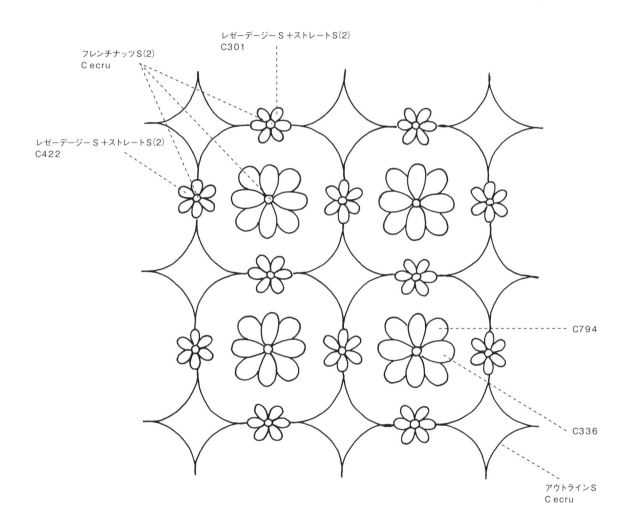

樋口愉美子　ひぐち・ゆみこ

1975年生れ。多摩美術大学卒業後、ハンドメードバッグデザイナーとして活動。ショップでの作品販売や作品展を行なった後、2008年より刺繍作家としての活動を開始する。植物や昆虫など生物をモチーフにしたオリジナル刺繍を製作発表している。主な著書に『1色刺繍と小さな雑貨』『2色で楽しむ刺繍生活』『樋口愉美子のステッチ12か月』『刺繍とがま口』『樋口愉美子の動物刺繍』。
http://yumikohiguchi.com/

材料協力	リネンバード　ハバーダッシェリー 東京都世田谷区玉川 3-12-11 Tel. 03-3708-6375 http://www.linenbird.com/ DMC Tel. 03-5296-7831 http://www.dmc.com（グローバルサイト） エムズ・パレット http://www.mspalette.net ＊刺繍枠（p.29）
撮影協力	Olgou 東京都目黒区上目黒 1-10-6 Tel. 03-3463-0509 AWABEES Tel. 03-5786-1600
ブックデザイン	塚田佳奈（ME&MIRACO）
撮影	加藤新作
スタイリング	前田かおり
ヘアメイク	KOMAKI
モデル	アデレード・ヤング（Sugar&Spice）
DTP	WADE手芸制作部
校閲	向井雅子
編集	土屋まり子（スリーシーズン） 西森知子（文化出版局）

樋口愉美子の刺繍時間
5つの糸で楽しむ植物と模様

2018年 3月25日　第1刷発行
2021年12月 3日　第6刷発行

著　者	樋口愉美子
発行者	濱田勝宏
発行所	学校法人文化学園 文化出版局 〒151-8524 東京都渋谷区代々木 3-22-1 電話 03-3299-2485（編集）　03-3299-2540（営業）
印刷・製本所	株式会社文化カラー印刷

©Yumiko Higuchi 2018 Printed in Japan
本書の写真、カット及び内容の無断転載を禁じます。

• 本書のコピー、スキャン、デジタル化等の無断複製は著作権法上での例外を除き、禁じられています。本書を代行業者等の第三者に依頼してスキャンやデジタル化することは、たとえ個人や家庭内での利用でも著作権法違反になります。
• 本書で紹介した作品の全部または一部を商品化、複製頒布、及びコンクールなどの応募作品として出品することは禁じられています。
• 撮影状況や印刷により、作品の色は実物と多少異なる場合があります。ご了承ください。

文化出版局のホームページ　http://books.bunka.ac.jp/